Thomas Hartmann / Julia Klöckner

Irdischer Wein – Himmlischer Genuss

THOMAS HARTMANN / JULIA KLÖCKNER

Irdischer Wein – Himmlischer Genuss

Der Wein in der Bibel

Malerei von
Walter Brusius

Paulus Verlag

Bibliografische Information der Deutschen Nationalbibliothek
Die Deutsche Nationalbibliothek verzeichnet diese Publikation
in der Deutschen Nationalbibliografie;
detaillierte bibliografische Daten sind im Internet
über http://dnb.d-nb.de abrufbar.

Layout: Sabine Furrer Bill, Biel
Umschlagbild: Walter Brusius, Bad Kreuznach
ISBN 978-3-7228-0748-5

Inhalt

V. WEIN ALS SYMBOL

Vorwort

Der Wein ist Produkt menschlicher Kultur. Dieses Kulturgut hat eine materielle und eine geistige Dimension. Der Wein ist Gabe der Erde, aber auch ein Geschenk des Himmels. Sinnbild für das, was jenseits des Irdischen liegt - Sinnbild des Göttlichen. Die berauschende Wirkung des Weines war den Menschen der Antike unheimlich und anziehend zugleich. Der Rausch sollte übersinnliche Erfahrungen bringen – so ist es von den Kulten der Griechen und der Nachbarländer, die Israel umgaben, überliefert. Auch wenn in Israel der Zugang zu Gott nicht auf diese Weise gesucht wurde, hatte der Wein doch etwas Göttliches. Das Getränk war etwas Besonderes, und dennoch lebendig im Alltag verhaftet. Ein hochgeschätztes Lebenswasser. Neben der Muttermilch und dem Wasser ist der Wein wohl das älteste Getränk der Menschheit. Wein gehörte zu den wichtigen Nahrungsmitteln. Der Weinanbau förderte die Sesshaftigkeit und damit die Bildung von Dörfern und Städten – und der Kultur.

Und so musste der Weinberg das ganze Jahr über gehegt und gepflegt werden. Nach der Landnahme Kanaans war das ein fester Bestandteil im Volke Israel. Damit entwickelte sich eine ganz besondere Weinkultur, und die Bibel wurde zu einem Schatz vieler Weisheiten um den Weinanbau, die Kelterung und den Genuss.

In dieser Zeit galten Weinstöcke als Symbol für Wohlstand, Frieden und Zufriedenheit. Deshalb nutzten die Propheten für Friedensbilder gerne die Weinstöcke und Feigenbäumen, unter denen die Menschen sitzen und die Lebensfreude einst genießen würden. Das Volk Israel wird nicht selten als Weinberg Gottes gesehen, der, von einer Schutzmauer umgeben, einen prächtigen und gesunden Wein hervorbringt. Gott gibt alles, dass der Weinberg Israel gedeiht und blüht. Doch dann versagt Israel, wendet sich von Gott ab. Die Mauern des Weinbergs werden von Feinden zerstört, wilde Tiere dringen ein und zerstören alles. Die Warnungen der Propheten bleiben ungehört, Israel wird zerstört und geknechtet. Im Unheil machen die Propheten dem Volk aber wieder Hoffnung auf eine bessere Zeit. Kehrt das auserwählte Volk zu Gott zurück, wird er seinen Weinberg auch wieder errichten. Eine Heilszeit bricht an. So wartet man in Israel auf den Heilsbringer, den Messias.

Für die Jünger Jesu und die Christen ist er dieser lang erwartete Messias. Jesus ist in die Welt gekommen, um diese wieder mit Gott zu versöhnen. Als Vorgeschmack auf diese kommende Welt heilte Jesus Kranke, richtete Gebeugte wieder auf und feierte mit den Menschen Feste. So war seine erste Wundertat die Verwandlung von Wasser in kostbaren Wein auf der bekannten Hochzeit in Kana. Jesus vermittelte den Menschen, dass mit ihm eine Hoch-Zeit angebrochen war, in der nicht mehr gefastet und getrauert werden sollte – eine Kehrwende zu Johannes dem Täufer, der fastete und verzichtete. Auch am Ende von Jesu Leben waren es wieder ein Mahl mit Brot und Wein, die Gegenwart, Erinnerung und Zukunft wiesen; Grundlage christlicher Gemeinschaft. Jesu Botschaft hieß: „Nur wer das Brot und den Wein zu seinem Gedächtnis empfängt, hat Anteil am Ewigen Leben – am Hochzeitsmahl Gottes mit den Menschen."

Die Arbeit mit diesen biblischen Verkündigungen und die Auseinandersetzung mit dem Thema „Wein" im Alten wie im Neuen Testament ließen uns die vergangenen Jahre nicht mehr los; auch nach Erscheinen der Erstauflage „Der Wein erfreue des Menschen Herz". Viele Vorträge, biblische Weinproben und Lesungen folgten. Nach gut zehn Jahren reifte in uns der Wunsch, das Thema zu vertiefen. Unser Buch, die zitierten und erläuterten Bibelstellen inspirierten den Bad Kreuznacher Künstler Walter Brusius zu einer Gemäldeausstellung. Umgekehrt inspirierte er uns, eine Neuauflage unseres Buches zu wagen – bereichert um weitere Bibelstellen und um die Werke von Walter Brusius. Die eigens gemalten Bilder bieten dem Leser und der Leserin noch mehr Raum für seine und ihre Gedanken, als dies die Fotos der Ersterscheinung möglich machten. Die Autoren und der Künstler verzichten dabei für einen guten Zweck auf ihr Honorar. Der Erlös des Buches fließt in die Stiftung Ausbildungshilfe Ruanda.

Bad Kreuznach, Juli 2008

Thomas Hartmann ***Julia Klöckner***

I.

Wein im Ursprung

Sintflut und Ackerland

Gott sah, dass auf der Erde die Boshaftigkeit und Schlechtigkeit der Menschen zunahm, sodass es ihn reute, den Menschen erschaffen zu haben. In seinem Zorn schickte er die Sintflut und ließ Gnade nur an Noach ergehen. Vierzig Tage und vierzig Nächte regnete es unaufhörlich. Dann kehrte Ruhe ein. Noach blickte scheu aus der Arche und sah rundum nur Wasser. Kein Land in Sicht. Er, der vor Gott und den Menschen gute und gerechte Mann, hatte mit seiner Familie und den Tieren diese schreckliche Katastrophe überstanden. Nach langem Warten bildete sich das Wasser zurück, und Land wurde sichtbar. Noach ließ eine Taube hinausfliegen, um zu sehen, ob das Land wieder begehbar sei. Als sie einen grünen Zweig mitbrachte, wusste er, dass nur noch wenig Wasser auf der Erde war: Für ihn bedeutete dies Hoffnung auf eine gute Zukunft – Chance zu einem Neuanfang. Nun öffnete er die Arche, und alles, was den Schutz Gottes genossen hatte, drängte hinaus. Noach stand jetzt auf einem „neuen Boden", der voller Kraft war, unverdorben, unbelastet – so wie ihn sich jeder Landwirt erträumt. Durch Überschwemmungen entstehen auch heute nicht selten humus- und nährstoffreiche und somit fruchtbare Böden.

Noach pflanzte als Erster in die neue, reine und fruchtbare Erde Weinreben. Wein ist seit Jahrtausenden das kostbarste und edelste Getränk der Menschheit – keine andere Pflanze kam für Noach in Frage! Für die Menschen im Orient war der Wein das Getränk schlechthin. Es war Alltagsgetränk und Lebensmittel – Mittel zum Leben. Ein Tag oder eine Feier ohne Wein waren unvorstellbar, Noach hatte allen Grund zum Feiern, schließlich hatte Gott ihn gerettet und ihm eine fruchtbare und gesegnete Erde, eine lobenswerte Welt überlassen.

Dies ist eine wunderbare Geschichte, die kein wissenschaftlicher oder historischer Bericht sein will, denn eine weltweite Sintflut hat es sicher so nie gegeben. Nicht die Tatsache einer unvorstellbaren, weltweiten Überschwemmung an sich ist wichtig, sondern wichtig sind die Bilder, die diese Geschichte vermittelt. Gott besiegelte den Neuanfang und die Hoffnung auf eine gute Zukunft mit dem Versprechen, die Erde nie wieder durch eine Flut zu verderben. Als Zeichen für diesen Bund setzte Gott den Regenbogen – und Noach eine Rebpflanze.

„Noach wurde der erste Ackerbauer und pflanzte hier einen Weinberg." Genesis 9,20

Gelobtes Land

Kaum ein Weinmotiv aus der Bibel ist so bekannt und vielfach in der Kunst umgesetzt wie das Bild der Kundschafter, die mit einer reich bestückten Rebe aus Kanaan zurückkehrten.

Die Israeliten waren aus der Knechtschaft Ägyptens geflohen, zogen vierzig Jahre durch die Wüste, erlebten die Macht und den Schutz Gottes, zweifelten an Gott und fielen sogar vom Glauben ab. Sie durchlitten Hunger und viele Entbehrungen, bis sie schließlich das Gelobte Land erreichten: ein Land, in dem Milch und Honig fließen sollten. Mose schickte die Männer aus, um nachzusehen, wie das Land Kanaan beschaffen sei. Als Zeichen trug er ihnen auf, die Früchte des Landes mitzubringen.

In gespannter Erwartung verharrten die Zurückgebliebenen. Hatte sich der mühsame und beschwerliche Weg durch die Wüste gelohnt? Was werden die Kundschafter vorfinden: dürres, steiniges und wertloses Land oder fruchtbare Ackerböden, auf denen alle Früchte gedeihen?

Nach dem Staub und der Kargheit der Wüste bot sich den Männern ein herrliches Bild: Hohe Palmen, grünes Grasland und Bäume mit schmackhaften Früchten und Weinstöcke mit herrlichen Trauben erweckten den Eindruck, sie seien im Paradies. Jetzt waren sie sich sicher, dass sie das Gelobte Land gefunden hatten.

Nicht nur in Kanaan, sondern überall, wo Weinberge die Landschaft prägen, kann man den Segen und die Fülle erleben und vielleicht einen ähnlichen überwältigenden Eindruck gewinnen, wie es die Israeliten in der Geschichte vom Gelobten Land hatten. Vielen hat sich dieser Schatz bereits erschlossen.

„Da zogen die Männer hinauf und erkundeten das Land (...) Von dort kamen sie in das Traubental. Dort schnitten sie eine Rebe mit einer Weintraube ab und trugen sie zu zweit auf einer Stange, dazu Granatäpfel und Feigen." Numeri 13,21–23

Holz des Weinstocks

Ezechiel gilt als der eigenartigste der alttestamentlichen Propheten. Er war der Sohn eines Priesters, der während der Verbannung der israelitischen Oberschicht in Babylon lebte. Führende Familien des Landes Israel waren von Nebukadnezzar 597–587 v. Chr. nach Babylon verschleppt worden, nachdem er Jerusalem erobert hatte. In der Verbannung bei der Stadt Tel-Abib, an einem Eufratkanal gelegen, wurde Ezechiel von Gott berufen. Er sah sich nicht würdig, als Prophet vor seinem Volk aufzutreten. Immer wieder musste Gott ihn davon überzeugen, dass er der Richtige sei. Mehrmals erhob sich Ezechiel die Luft und wurde vom Geist Gottes nach Jerusalem getragen. Er erlebte Phasen, wo er weder sprechen noch sich bewegen konnte. Obwohl Israel ihm nicht die Unterstützung bei dem Streben nach Rückkehr in die Heimat dankte, machte er in den dunkelsten Stunden des Volkes den Menschen wieder Hoffnung, dieses Ziel erreichen zu können. Er sah in einigen Visionen eine Chance zur Rückkehr, wenngleich er Gottes Gericht über Jerusalem und die Zerstörung des Tempels voraussagte. Machtmissbrauch, Sünde, Lieblosigkeit, Unzucht, Ausschweifungen aller Art und nicht zuletzt die Faszination, die die heidnischen religiösen Kulte auf viele Israeliten ausübten: darin lag für ihn der Grund der Misere.

Ezechiel benutzt den Weinstock als Symbol für Israel. Gott hat, wie in vielen anderen prophetischen Reden verkündet wurde, einst diesen Weinstock am Leben erhalten. Die Wurzeln waren ganz tief in Gottes Heil verankert. Dadurch brachte die Rebe Israel reiche Frucht. Das ganze Land stand in Blüte. Doch viele unfähige Könige und der Abfall vom Glauben schnitten die Wurzeln ab. Der Weinstock bezog keine Nahrung mehr von Gott. Die Wurzeln richteten sich nun überall hin aus, fanden aber nur klägliche Nahrung, bis der Rebstock schließlich verdorrte. Jetzt kann er ausgerissen werden. Doch ein ausgerissener Rebstock taugt zu nichts. Man kann daraus kein Möbel machen. Einen geringen Wert hat der Stock nur noch als Feuerholz. Es bleibt letztlich davon lediglich Schutt und Asche. So etwas drohte Jerusalem und ganz Israel.

„Das Wort des Herrn erging an mich: Menschensohn, was hat das Holz des Weinstocks vor dem Holz aller anderen Sträucher voraus, die zwischen den Bäumen des Waldes wachsen? Nimmt man es etwa, um daraus etwas zu machen? (...) Nein, man wirft es dem Feuer zum Fraß vor.“ Ezechiel 15,1–4

Blut der Trauben

Ben Sirach (Sohn Sirachs), so lautet die jüdische Bezeichnung für Jesus Sirach. Er lebt um 180 vor Christus in Jerusalem. Jesus Sirach sammelt Lebens- und Verhaltensweisheiten der damaligen Zeit. Er wendet sich dabei vorwiegend an die Jugend, um sie auf die Aufgaben und Schwierigkeiten des Lebens vorzubereiten. Er veranschaulicht seine Botschaften durch markante Gegensätzlichkeiten. Weisheit und Torheit, Armut und Reichtum, Zucht und Zuchtlosigkeit, Gesundheit und Krankheit, Leben und Tod verdeutlichen seine Weisheiten. Über allen Tugenden setzt er die Gottesfurcht. Vor allem Handeln soll der Mensch bedenken, was der Wille Gottes ist. Der kluge Mensch nämlich erkennt in den Werken Gottes die Größe des Herrn. Das Tun der Menschen liegt in Gottes Blick – vor ihm ist nichts verborgen. Sein Segen liegt über der ganzen Welt. Er kann wasserreiche Gegenden zu Wüsten machen. Und nur den Rechtschaffenen ebnet er die Wege.

Gott gibt dem Menschen, was er zum Leben benötigt. Darunter ist auch das Blut, der Saft der Trauben ein unverzichtbares Gut und Grundnahrungsmittel. Die Rebe zählt zu den ursprünglichen Kulturpflanzen. Ihr Wein gilt, neben Wasser und Muttermilch, als das vielleicht älteste Getränk der Menschheit – möglicherweise noch vor Kuhmilch oder Ziegenmilch. Sicher ist, dass der Gebrauch des Weines älter ist als der von Bier und Spirituosen. Schon vor dem Eingottglauben Israels war der Umgang mit den Lebensmitteln von großem Respekt geprägt. Verschwendung, achtloser Umgang und Überfülle, wie sie heute nicht selten sind, galten als Frevel gegen die Natur. Der Wein fehlte bei keinem Essen, bei keinem Fest. Wein war und ist Lebenswasser.

„Das Nötigste im Leben des Menschen sind: Wasser, Feuer, Eisen und Salz, kräftiger Weizen, Milch und Honig, Blut der Trauben, Öl und Kleidung.“ Jesus Sirach 39,26

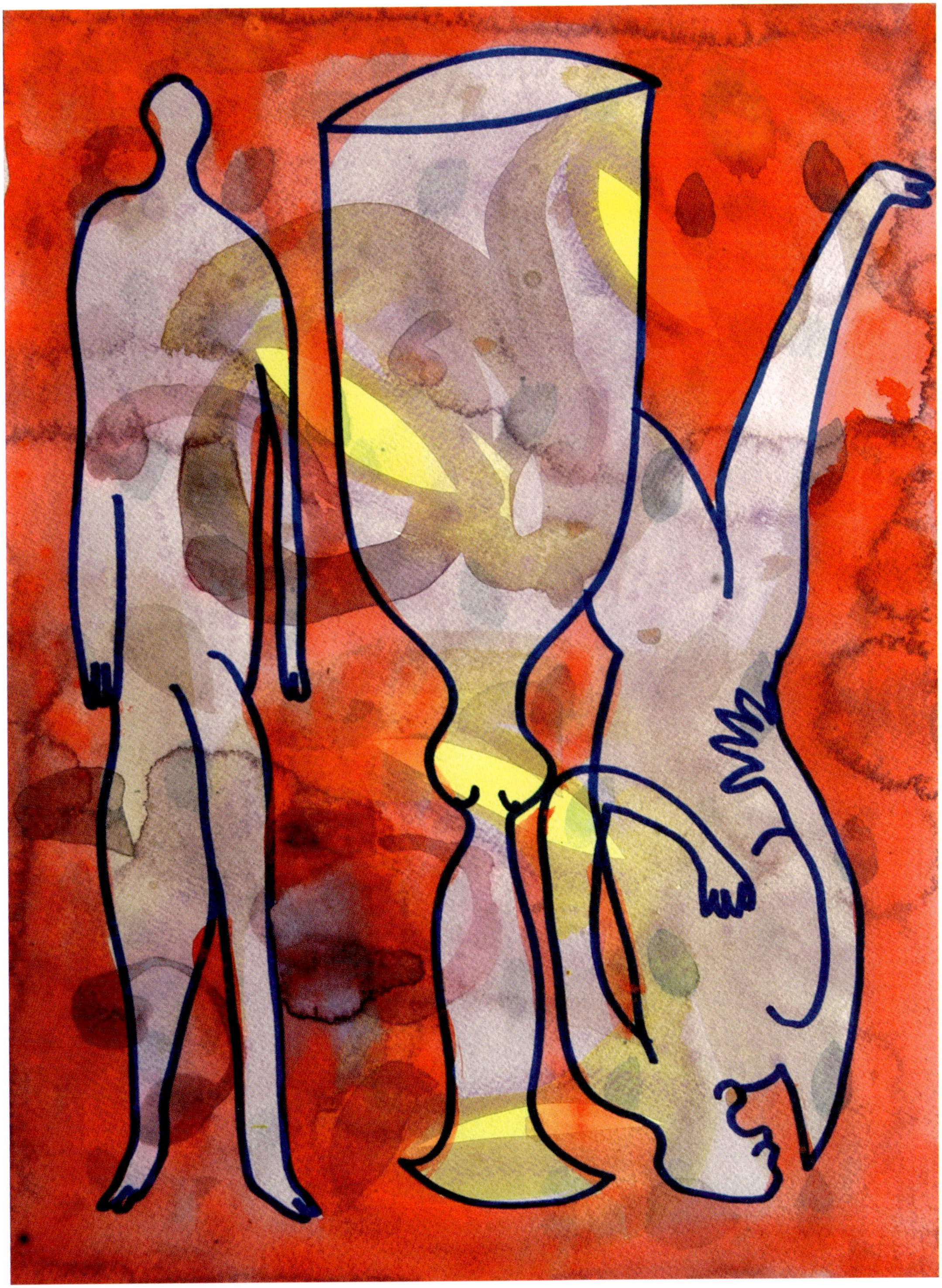

Weinstock im Traum

Als junger Mann war Josef, ein Israelit, nach Ägypten verschleppt worden, wo er wegen seiner großen Fähigkeiten in der Hierarchie schnell aufstieg. Er besaß unter anderem die außergewöhnliche Gabe, Träume deuten zu können. Im Gefängnis, in dem er wegen falscher Anschuldigungen saß, traf er auf den Obermundschenk des Pharaos, der ebenfalls unschuldig war. Er erzählte Josef von seinem nächtlichen Traum: Er stand neben dem Pharao, hatte reife Trauben in der Hand, die er über dem Becher des Pharaos ausdrückte und ihm diesen dann zum Trank reichte. Josef deutete den Traum so: Er werde bald wieder aus dem Gefängnis entlassen und in die Dienste des Pharaos zurückgeholt. Das bedeutete, dass der Mundschenk unschuldig war. Dem ebenfalls inhaftierten Bäcker aber deutete er den schrecklichen Traum, in dem schwarze Vögel vorkamen, die ihn auffraßen, dass er für sein Vergehen mit dem Tode bestraft würde.

Im Orient war es üblich, nicht alle Trauben zur Gewinnung von Wein zu verwenden. Viele Trauben wurden direkt nach der Ernte als Süßmost getrunken, zum Teil mit der Hand ausgepresst. Andere Trauben wurden zu Rosinen getrocknet. Der Großteil aber wurde zu Wein verarbeitet. Die Ägypter pflegten eine intensive Weinkultur. Auf vielen Wandmalereien sind Alltagsszenen von Winzerarbeiten dargestellt. Mit großer Wahrscheinlichkeit ist der Weinbau Israels und Ägyptens durch die hohe Kultur des Zwischenstromlandes beeinflusst worden. Auf einer mesopotamischen Tontafel fand man Düngervorschriften, Bewässerungsmethoden und Erklärungen über den Anbau von Wein. Die Tafel ist über 8000 Jahr alt und gilt als ältester Nachweis für den Umgang der Menschen mit Wein.

Vom Weinstock zu träumen galt im Orient als ein gutes Omen. Ein solcher Traum verhieß eine Zeit der Fülle und der Sorglosigkeit. Solange Weinreben wachsen und ihre Knospen treiben, solange die Beeren reifen und erlesene Säfte hervorbringen, solange herrscht eine segensreiche und gute Zeit.

„Er sagte zu ihm: Im Traum sah ich vor mir einen Weinstock. Daran wuchsen drei Ranken, und es war, als treibe er Knospen. Seine Blüten wuchsen, und schon reiften die Beeren. Ich hatte den Becher des Pharaos in meiner Hand. Ich nahm die Beeren, drückte sie in den Becher und gab dem Pharao den Becher in die Hand."

Genesis 40,9b

II.

Wein gehört zum Leben

Ruhetag und Einkehr

Die Zehn Gebote, die viele Gesetzestexte der Welt prägten, haben heute immer noch großen Einfluss auf die Rechtsprechung. Eines dieser Gebote ist die Forderung, den Sabbat zu heiligen. Der Mensch soll einen Tag in der Woche für sich und für das Wesentliche Zeit haben. An diesem Tag soll der Mensch innehalten, sich von den Mühen der vergangenen Woche ausruhen und sich Zeit nehmen für Gott. Selbst das Vieh soll am Sabbat nicht in Anspruch genommen werden. Ruhen und Regenerieren nach Anstrengungen ist nötig, um neue Kräfte sammeln zu können. Wer sich Zeit zum Nachdenken nimmt, gewinnt Abstand vom Alltagsleben. Er lernt die schönen Dinge der Welt zu erkennen und sich daran zu erfreuen. Daraus sollte Dankbarkeit erwachsen gegenüber dem, der alles erschaffen hat.

Damals wie heute gibt es Menschen, denen es schwer fällt, ihre Arbeitswut zu zügeln. Es gibt sicher auch viele Menschen, die gerne arbeiten, für die es eine Erfüllung ist, etwas tun zu können. Dann gibt es wieder welche, die aus reiner Gewinnsucht immer mehr und mehr arbeiten, die sich selbst und andere ausbeuten. Verkaufsoffene Sonntage und Feiertage nehmen zu; Öffnungszeiten bis spät in den Abend hinein sind keine Seltenheit. Einkaufen wird immer mehr zum Sonntagsinhalt – ungeachtet derer, die sonntags dafür arbeiten müssen.

Diese Rastlosigkeit und Hetze ist auch auf den Weinbau übergeschwappt. In vielen Weindörfern war bis vor einigen Jahren die Sonntagsarbeit im Weinberg tabu. Obwohl die maschinelle Ausstattung lange nicht so fortgeschritten war wie heute. So wurden die Trauben per Hand über viele Wochen hin geerntet. Dennoch erlaubte man es sich, sonntags zu pausieren. Heute vermag der Winzer mit Hilfe des Traubenvollernters, die Ernte um ein Vielfaches schneller bei Tag und in der Nacht einzubringen. Dennoch wird der Sonntag nicht mehr als Ruhetag und als Tag des Herrn „geheiligt“. Wer kann da noch zu sich selbst kommen oder gar eine Dankbarkeit Gott gegenüber spüren und ausdrücken?

„Damals sah ich in Juda Leute, die am Sabbat die Kelter traten (…): auch Wein, Trauben, Feigen und Lasten brachten sie am Sabbattag nach Jerusalem. (…) Wie könnt ihr eine solche Untat begehen und den Sabbat entweihen? Haben das nicht schon eure Väter getan? Dafür ließ unser Gott all dies Unheil über uns und diese Stadt kommen.“ Nehemia 13,15–17

Arbeiter im Weinberg

Viele werden dieses Gleichnis von den Arbeitern im Weinberg kennen. Da wirbt der Weinbergsbesitzer am frühen Morgen Helfer an und vereinbart mit ihnen einen Lohn von einem Denar am Tag. Ein paar Stunden später holt er weitere Helfer, auch ihnen verspricht er den Lohn von einem Denar, bis er um die elfte Stunde die Arbeiter dazuholt, die ebenfalls einen Denar erhalten sollen.

Jeder der schon einmal einen ganzen Tag mühevoll in glühender Sonne im Weinberg gearbeitet hat, kann nachempfinden, wie anstrengend und mühsam das sein kann. Ein oder zwei Stunden vor Feierabend kommen ein paar Arbeiter und erhalten für ihren kurzen Einsatz sogar den gleichen Lohn. Es ist verständlich, dass sich die beschweren, die sich den ganzen langen Tag abgemüht haben. Sie hätten mehr verdient, oder?

Wenn wir auf dieser Ebene weiterdenken, kommen wir nicht hinter den Sinn dieses Gleichnisses. Wir müssen den Blick auf die letzten Arbeiter lenken. Der Weinbergsbesitzer traf diese Männer spät auf dem Marktplatz. Sie standen den ganzen Tag umher, und niemand stellte sie ein: sie waren praktisch arbeitslos. Wovon sollten sie ihre Familie ernähren? Sie konnten nichts dafür, dass niemand sie gewollt hatte. Und so war es auch nicht gerade leicht, all die Zeit herumzusitzen, keine Arbeit zu haben und die verächtlichen Blicke der Vorübergehenden ertragen zu müssen. Sie zeigten ihren Arbeitswillen und blieben deshalb nicht zu Hause. Aber anstellen wollte sie keiner. Vielleicht waren es Männer, die schon etwas älter geworden waren oder eine körperliche Behinderung hatten?

Jesus erzählt das Gleichnis, um die Hörer auf das Reich Gottes aufmerksam zu machen. Im Reich Gottes wird mit anderen Maßstäben gemessen als auf der Welt. Gottes Gerechtigkeit ist viel größer als die der Menschen. Die ersten Arbeiter im Weinberg stehen für diejenigen, die das Reich Gottes ohne Umwege annehmen: Menschen, die bereit sind, von Anfang an ihr ganzes Leben nach Gottes Geboten auszurichten und sich für eine gerechte Welt zu engagieren. Aber auch diejenigen, die viel später im Leben zu Gott finden – wie die Arbeiter bei Tagesende –, sind von ihm angenommen und geliebt und haben so Anteil am Reich Gottes.

„Als es nun Abend geworden war, sagte der Besitzer des Weinbergs zu seinem Verwalter: Ruf die Arbeiter und zahl ihnen den Lohn aus (...). Da kamen die Männer, die er um die elfte Stunde angeworben hatte, und jeder erhielt einen Denar. Als dann die Ersten an der Reihe waren, glaubten sie, mehr zu bekommen. Aber auch sie erhielten nur einen Denar. Da begannen sie über den Gutsherrn zu murren.“ Matthäus 20,8–11

Loslassen im Sabbatjahr

Das zweite Mosebuch handelt vom Auszug der Israeliten aus Ägypten. Ziel ist das Gelobte Land und eine andere Lebensweise – politisch wie religiös. Dafür ist eine ausführliche Gesetzgebung, die konkret das zivile Leben der Israeliten als Gottes auserwähltem Volk regelt, zentral. Dies gilt auch für die Landbewirtschaftung, bei der ein Sabbat-, ein Brachejahr eingehalten werden soll: Das Ackerland und die Weinberge sollen weder bearbeitet noch geerntet werden. Die Natur wird im siebten Jahre in Ruhe gelassen. Das gilt auch heute, gerade in einer Landwirtschaft, die auf Monokulturen setzt. Um dem ausgelaugten Boden wieder Kraft zu schenken, baut man im Wechsel andere Produkte an oder überlässt das Feld eine Zeit lang sich selbst. Die jüdische „Institution" des Sabbatjahres beruht auf der Vorstellung, dass die Natur jedes siebte Jahr ihre Erträge von sich aus, ohne Zutun des Menschen, hervorbringt, dass sie alle sieben Jahre ein Sabbatjahr einlegt. Im dritten Mosebuch weist Gott die Israeliten ebenfalls an, nach der Ankunft im Gelobten Land sechs Jahre das Feld zu bestellen und die Weinberge zu beschneiden. Aber im siebten Jahr sollten Feldbestellung und Weinbergsarbeit ruhen, damit das Land eine vollständige Sabbatruhe zu Ehren des Herrn halten könne.

Das, was das Feld im siebten Jahr hergibt, ist für die Armen und die Tiere vorgesehen. Das bedeutet, man soll sich zumindest übergangsweise von seinem Besitz frei machen; die Natur gehört nämlich allen, nicht einem einzigen. Und die Natur ist Geschenk, keine Selbstverständlichkeit. Ihr Ertrag steht auch den Landlosen zur Verfügung. Und dass Trauben auch in Weinbergen wachsen, die nicht bearbeitet worden sind, kennt man. Auch heute noch sehen wir brachliegende Weinberge – oft dort, wo der Steillagenweinbau zu anstrengend und zu teuer geworden ist. Dort wachsen in verwildertem Gelände auch Trauben. Der eine oder andere vernachlässigte Weinberg könnte sich wieder erholen, würde er neu beackert werden. Manchmal hilft aber nur noch roden und neu bepflanzen. Der Mensch muss also etwas dafür tun, damit ihm die Natur Gutes schenkt, aber er muss auch das Maß kennen. Ertragssteigerung ohne Rast ist nicht gut. Andererseits ist diese Bibelstelle auch kein Freibrief für diejenigen, die in der Erntezeit ungefragt Rebstöcke von Winzern abernten, um Geld zu sparen. Kein Winzer hat etwas dagegen, wenn sich Wanderer und Hungrige im Herbst am Weinstock bedienen. Aber wie immer ist das rechte Maß das Entscheidende. Dieses zu finden, dafür gibt die Heilige Schrift uns Anhaltspunkte.

„Sechs Jahre kannst du in Deinem Land säen und die Ernte einbringen; im siebten sollst du es brach liegen lassen und nicht bestellen. Die Armen sollen davon essen, den Rest mögen die Tiere des Feldes fressen. Das Gleiche sollst du mit deinem Weinberg und deinen Ölbäumen tun." Exodus 23,10–11

Ehre den Herrn

Neben den Psalmen beinhaltet auch das Buch der Sprichwörter eine Sammlung von Weisheiten des Orients. Sprichwörter sind bei allen Völkern sehr verbreitet und nehmen besonders im Orient eine wichtige Stellung in der Literatur ein. Sie haben ihre Wurzeln im Volksmund.

Die Sprichwörter sollen vor Torheiten warnen und zu Weisheit führen. Der Begriff „Weisheit" wird in unserem Zusammenhang in Verbindung mit charaktervollem, religiösem Verhalten gebraucht. Alle Weisheit soll in eine gute Beziehung zu Gott münden. Der Anfang aller Erkenntnis sei die Gottesfurcht, heißt es an einer anderen Stelle im Buch der Sprichwörter. Es geht nicht darum, dass der Mensch sich vor Gott fürchten soll, sondern dass er Gott als Schöpfer aller Dinge in Ehrfurcht und Dankbarkeit anerkennt. Nur der, der seinen Gott zu ehren und zu achten weiß, wird ein glückliches Leben führen. Als „Belohnung" wird ein solcher eine gesegnete und überreiche Ernte seines Lebens einfahren können. Diese Aussage ist nicht nur materiell zu verstehen, sondern es geht ebenso um ein zufriedenes wie auch erfülltes Leben, das sich an Gott orientiert hat.

„Ehre den Herrn mit deinem Vermögen, mit dem Besten von dem, was du erntest. Dann füllen sich die Scheunen mit Korn, deine Fässer laufen über von Wein." Sprichwörter 3,9–10

III.

Wein tut gut

Wein als Lebenswasser

Der alttestamentliche Autor Jesus Sirach gehört zu den Weisheitslehrern. Er möchte sich mit seinen gesammelten Lebensweisheiten vor allem an die Jugend wenden. Immer wieder verdeutlicht er den positiven Nutzen einer Sache, indem er die negativen Folgen im Falle eines Missbrauches aufzeigt. So schreibt er auch über den rechten und unrechten Umgang mit dem Wein. Wein birgt förderliche Substanzen. Er kann der Gesundheit zuträglich sein und unser Leben bereichern. Menschen, die sich um den Wein versammeln, erleben Geselligkeit und Genuss – oft begleitet von Musik und gutem Essen lassen sich fern vom Alltagstrott schöne Stunden erleben. So schreibt er an einer anderen Stelle (Kapitel 32,5): „Ein Rubin an goldenem Geschmeide, das ist ein schönes Lied vom Weingelage. Ein Smaragdsiegel in goldener Fassung, das ist ein Gesang bei köstlichem Wein."

Doch die positiven Eigenschaften entfaltet der Wein nur, wenn der Mensch maß- und verantwortungsvoll damit umgeht. Wein – zur rechten Zeit und mit rechtem Maß getrunken – ist wie ein Lebenswasser für seinen Genießer! Jesus Sirach warnt vor einem übermäßigen und verantwortungslosen Weingenuss. Gerade Jugendliche scheinen ihm gefährdet zu sein, beim Wein den „starken Mann" zu spielen, denn schon viele habe der Rebensaft zu Fall gebracht. Kopfweh, Hohn und Schande bringt der Wein über den, der ihn in Erregung und Zorn trinkt, denn auch eine solche Situation verführt zur Maßlosigkeit.

Und heute? Die aktuellen Schlagzeilen in den Medien sind erschreckend: Jugendliche trinken zuviel Alkohol. Nicht alle, aber die, die es tun, tun es sehr exzessiv. Die Zahl der mit Alkoholvergiftungen ins Krankenhaus eingelieferten Kinder und Jugendlichen verdoppelte sich in den vergangenen Jahren. Und dabei sinkt das Einstiegsalter immer weiter. Um diesem Treiben Einhalt zu gebieten, nutzen keine strengeren Gesetze. Ein konsequenter Vollzug des Jugendschutzes ist die Lösung, sowie Informations- und Aufklärungskampagnen. Hier sind insbesondere die Eltern und Familien gefragt. Denn die weitaus überwiegende Zahl der Erwachsenen geht verantwortungsvoll mit dem Alkoholkonsum um.

„Wie der Ofen das Werk des Schmiedes prüft, so ist der Wein eine Probe für die Zuchtlosen. Wie ein Lebenswasser ist der Wein für den Menschen, wenn er ihn mäßig trinkt. Was ist das für ein Leben, wenn man keinen Wein hat, der doch von Anfang an zur Freude geschaffen wurde? Frohsinn, Wonne und Lust bringt Wein, genügsam getrunken." Jesus Sirach 31,26–28

Wein zur Wundpflege

Sie ist vielen bekannt, die Geschichte von dem barmherzigen Samariter, der sich einem von Räubern verletzten Juden zuwendet. Lukas erzählt sie in seinem Evangelium. Samariter und Juden waren damals nicht gut aufeinander zu sprechen. Neben der Verehrung Jahwes flossen heidnische Kulte in die Religion der Samariter ein, die sie später allerdings wieder ablegten. Aber der Makel der Vermischung blieb nach Meinung der Juden an ihnen haften. Jeglicher Kontakt zu ihnen wurde vermieden. Jesus aber begegnete den Samaritern mit Freundlichkeit. So erzählte er diese Geschichte von einem Samariter, der ein großes Herz hatte. Er stellte diesen von Juden Verachteten als guten Menschen dar. Demgegenüber ließen ein jüdischer Priester und ein Levit einen in Not geratenen Juden achtlos am Weg liegen. Der Samariter jedoch nahm sich des verletzten Mannes an.

In der Geschichte wird ganz nebenbei die Wundbehandlung geschildert. Der „Samariter goss Öl und Wein auf seine Wunden", hieß es. Während sonst der Wein als Alltagsgetränk und bei mäßigem Genuss als gesundheitsfördernd beschrieben wird, zeigt er in dieser Bibelstelle auch bei äußerlicher Anwendung eine heilende Wirkung. Wegen seines Alkoholgehaltes wirkt der Wein bei der Wundbehandlung desinfizierend und beugt somit Entzündungen und Blutvergiftungen vor.

„Dann kam ein Mann aus Samarien, der auf der Reise war. Als er ihn sah, hatte er Mitleid, ging zu ihm hin, gross Öl und Wein auf seine Wunden und verband sie." Lukas 10,33–34a

Wein als Arznei

Paulus, der Völkerapostel, lernte auf seiner zweiten Missionsreise den jungen Timotheus kennen und übergab ihm später die Leitung der Gemeinde in Ephesus. Er wurde der erste Bischof von Ephesus. In Briefen gab Paulus Anweisungen für das Leben in der Gemeinde. Er forderte sie auf, am rechten Glauben festzuhalten. Besonders die leibfeindlichen Bestrebungen der Gnostiker, die alles Weltliche und Körperliche als schlecht erachteten, wies er entschieden zurück. Denn eine Richtung der Gnostiker verbot die Heirat, lehnte viele Speisen ab und forderte den völligen Verzicht auf Wein. Doch alles – so Paulus – was Gott geschaffen hat, ist gut. So rät Paulus dem, der unter Magenbeschwerden und häufigen Krankheiten leidet, als Medizin nicht nur Wasser zu nehmen, sondern auch etwas Wein. Schon zu biblischer Zeit wusste man, dass Wein nicht nur Körper und Geist erfrischt, sondern dass er eine gesundheitsfördernde Kraft hat. Im alten Israel kannte man den Spruch: „An der Spitze aller Medikamente bin ich, Wein. Dort wo es keinen Wein gibt, werden Arzneien nötig, da sich allerlei Krankheiten einstellen."

Was Paulus und die damaligen Menschen schon praktisch taten, wird heute durch die medizinische Forschung belegt. Der Wein, mäßig, aber regelmäßig getrunken, hat vorbeugende und gesundheitsfördernde Wirkungen auf uns Menschen. Medizinische Untersuchungen weisen dem Wein viele Heilkräfte zu. Krankheiten wie Diabetes sind heute kein Hindernis, Wein zu genießen. Hilfreich ist der Wein zum Beispiel bei der Wundheilung nach Bandscheibenoperationen. Weintrinker bleiben im Alter länger geistig fit. Wein stärkt die Immunabwehr gegen schädliche Bakterien und Viren. Wein fördert den Abbau der schlechten Kolesterine im Blut und verhindert die Verstopfung der Blutgefäße, die auch zum Herzinfarkt führen können. Die Entstehung der guten Kolesterine wird durch Wein gefördert. Der Wein ist somit ein gutes und schmackhaftes Mittel zur Vorbeugung von Herzinfarkten.

„Trink nicht nur Wasser, sondern nimm auch etwas Wein, mit Rücksicht auf deinen Magen und deine häufigen schlimmen Krankheiten." 1 Timotheus 5,23

IV.

Wein kann schaden

Klarer Verstand

Etwa 627 bis 587 v. Chr. wirkte Jeremia in Jerusalem. Er predigte dem Volk Israel Bekehrung und Umkehr zu seinem Gott und prophezeite jahrelang den Untergang der Tempelstadt, der im Jahr 586 v. Chr. tatsächlich eintrat. Ein Grundgedanke seiner Reden: Wenn Israel anderen Göttern folgt, dann wird Jahwe gegen sein auserwähltes Volk prozessieren und mit dem Verlust des Landes drohen. Nicht mehr Jahwes Gerechtigkeit, die auf Solidarität gründende Gemeinschaft, bestimmt das Zusammenleben, sondern Täuschung, Betrug und Gewinn. Daher trifft die Kritik vor allem die falschen Propheten, Priester und Könige.

In der Spruchsammlung gegen die falschen Propheten berichtet Jeremia, wie es ihm geht, als er Gottes Worte und Weissagung hört über die, die ruchlose Frevler sind, deren Stärke das Unrecht und die Schlechtigkeit ist, die die Menschen verführen und nicht anhalten, das Zusammenleben nach Gottes Regeln zu führen. Einen Etikettenschwindel prangert er an, dass angebliche Propheten das Heil versprechen, hemmungslos und ohne Demut.

Diese Propheten erwartet nichts Gutes, sie sind wie Sodom und Gomorra, sie sind dem Zorn Gottes ausgesetzt, für sie wird die Zukunft kein Heil bringen. Diese Botschaft teilt Jeremia mit. Es sind harte Worte, die ihn sehr treffen, bis ins Herz. Ihn treffen Gottes Worte wie auch das unheilvolle Verhalten und Predigen der Verführer des Volkes Israel. Jeremia nimmt dies alles wahr wie ein Betrunkener, vom Wein überwältigt. Er taumelt ob dieser Worte, seine Wahrnehmung ist eingetrübt. Das, was er hört und erfährt, ist einfach zu viel, um klare Sinne behalten zu können. Das Unglaubliche raubt die Wahrnehmungsschärfe. Die Worte Gottes sind betörend, sind heilig, das Reden Gottes zu ihm ist außerhalb der üblichen Wahrnehmung.

Das Bild des Weines, der die Sinne überwältigt, nutzt der Schreiber deshalb, weil er davon ausgehen kann, dass die Leser die Wirkung von zu viel Weingenuss kennen. Wein kann erheitern, die Stimmung lockern und zur Geselligkeit beitragen. Aber ein Zuviel des Guten beraubt den Menschen seiner Souveränität, lässt ihn nicht mehr Herr über das Geschehen sein. Dieses Wissen und auch Erleben war für Jeremia ein treffendes Beispiel und Bild, um sein Empfinden und die Situation zu beschreiben, damit sie auch andere nachvollziehen können.

„Über die Propheten: Mir bricht das Herz in der Brust, alle meine Glieder zittern. Wie ein Betrunkener bin ich, wie ein Mann, der vom Wein überwältigt ist, wegen des Herren und seiner heiligen Worte.“ Jeremia 23,9

Wein und Schwangerschaft

Nach der Landnahme bis kurz vor Beginn der Königszeit unter Saul (ca. 1050 v. Chr.) war Israel ein Judikat, es wurde durch Richter regiert. Die Erzählungen des Richterbuches schildern diese Zeit und folgen dabei dem bekannten Kreislauf vom Abfall Israels von seinem Gott, der Bedrohung durch Fremdvölker, dem Hilfeschrei zu Jahwe, der Rettung Israels und dem erneuten Abfall Israels von seinem Gott. Doch auch in der Knechtschaft unter den Philistern gab es immer wieder Gläubige, die Jahwe ehrten, wie Manoach und seine Frau. Ein frommes, kinderloses Ehepaar waren sie. Und dieser Frau erschien eines Tages ein himmlischer Besucher. Er hat eine freudige Botschaft für sie: Sie wird die Mutter dessen werden, der Israel aus der Hand der Philister zu retten beginnt. Diese Szene versetzt uns an den Anfang des Lukas-Evangeliums, wo der Engel Gabriel Maria das Kommen des Retters ankündigt. Für das Kind und seine Mutter gibt es deshalb gewisse Bedingungen. Die schwangere Frau musste sich dem Nasiräat unterwerfen, weil sie von Gott auserwählt war. Nasire mussten für Gott von der Menge, der Geselligkeit abgesondert sein und sich gewisser Vergnügen und Freuden enthalten – wie der Frucht des Weinstocks. Vom Wein wird in der Bibel auch gesagt, dass er „Götter und Menschen erfreue“. Diese Freude der Geselligkeit hätten die Menschen mit Gott teilen können; doch durch die Sünde des Menschen wurde es Gott unmöglich gemacht hätte, sich gemeinsam mit ihm zu freuen. Ein Diener des Herrn kann seine Freunde nicht in der Welt suchen, noch kann er an ihren Gastmählern teilnehmen und ihre Vergnügungen mitmachen, weil Gott nicht da ist.

Diese Bibelstelle beinhaltet aber auch einen medizinischen Aspekt – ganz aktuell. Alkoholkonsum der Mutter während der Schwangerschaft ist nämlich eine häufige Ursache für angeborene Missbildungen. Das Äthanol wird nach dem Trinken rasch aus Magen und Darm ins Blut aufgenommen. Dieser gelangt über die Plazenta in das ungeborene Kind und führt dort zu einer Schädigung der kindlichen Zellen und Organe. Die betroffenen Kinder sind sowohl körperlich als auch geistig-intellektuell und in ihrer sozialen Reifung beeinträchtigt. Übermäßiger, vor allem aber regelmäßiger Alkoholgenuss in der Schwangerschaft birgt das Risiko, das ungeborene Kind zu schädigen. Da man keinen Grenzwert festlegen kann, unter dem Alkohol sicher nicht schädigend wirkt, sollte man während der Schwangerschaft darauf verzichten.

„Er sagte zu mir: Siehe, du wirst schwanger werden und einen Sohn gebären. Trink jedoch keinen Wein und kein Bier, und iss nichts Unreines.“ Richter 13,7

Trunkenheit meiden

Bei allen Völkern im alten Orient waren Sprichwörter sehr beliebt. In unserem Kulturkreis spielen Weisheiten und Sprüche in der Literatur wie im Volksmund seit Jahrhunderten ebenso eine große Rolle.

In Israel gilt der große König Salomo als Verfasser zahlreicher Sprüche, Lieder und Weisheitsverse. Der Sohn des großen Königs Davids lebte von 968 bis 928 v. Chr. Sein Reichtum und seine Weisheit waren legendär. Er zerschlug die Lager der Feinde Israels und erwarb sich dadurch großen Respekt bei seinem Volk und bei den Völkern, die Israel umgaben. In seiner zweiten Lebensphase zog er es vor, Reichtümer anzuhäufen, statt Kriege zu führen. In einem Traum versprach ihm Gott, einen Wunsch zu erfüllen. Er bat um Weisheit. Das gefiel Gott so sehr, dass er ihm dazu noch ein langes Leben und Reichtum schenkte. Als zwei Frauen sich um die Mutterschaft eines Kindes stritten, befahl er das Kind entzwei zu schneiden. Daraufhin verzichtete eine der Frauen auf ihren Anspruch zum Wohl des Kindes. König Salomo nahm das Kind und gab es dieser Frau, weil nur sie die richtige Mutter sein konnte. Diese Begebenheit ist als „salomonisches Urteil" in die Weltgeschichte eingegangen. Unter Salomos Königtum entstand auch der Tempel in Jerusalem.

Das Zitat über den Umgang der Könige mit dem Wein soll den Herrschenden zur Mahnung dienen. Die Herrscher haben eine große Verantwortung für ihr Volk. Das schließt nicht aus, dass viele ihre Macht missbrauchen oder nicht genug Weisheit besitzen, ihrer Regentschaft gerecht zu werden. Die Bibel gibt die Antwort: Was einen weisen König ausmacht, ist das Maß, wie er sich um die Belange der Schwachen, Bedürftigen und Armen kümmert. Zu viel Wein und ständige Trunkenheit machen einen König blind für die Sorgen seines Volkes. Alle Süchte lassen einen Menschen nur um sich selbst kreisen. Die Kreise werden immer enger, und der Mensch nimmt die Welt nicht so wahr, wie sie ist; schließlich kann er sich selbst nicht mehr wahrnehmen. Ein weiser Regierender oder ein Unternehmer darf sich nicht ablenken lassen. Nicht vom Wein, nicht von falschen Ratgebern oder von Lobbyisten, nicht vom Geld. Alles zur Entscheidung Stehende gehört auf den Prüfstand. Maßstab dürfen hierbei nicht Einzelinteressen, sondern muss das Allgemeinwohl sein. Das ist die Pflicht der Entscheidungsträger, die einen klaren Kopf bewahren müssen.

„Könige sollen sich nicht mit Wein betrinken, Fürsten nicht berauschenden Trank begehren. Er könnte beim Trinken seine Pflicht vergessen und das Recht aller Notleidenden verdrehen. (…) Öffne deinen Mund für den Stummen, für das Recht aller Schwachen. Richte gerecht, verschaff den Bedürftigen und Armen Recht." Sprichwörter 31,4–5.8–9

V.

Wein als Symbol

Ein gutes Leben

Das Buch Daniel handelt von einem jungen jüdischen Mann, der in babylonischer Verbannung lebte, nachdem die Babylonier Israel erobert und die Oberschicht deportiert hatten. Der babylonische König merkte bald, dass es unter den Israeliten viele gebildete junge Männer gab. Er wählte darum einige von ihnen aus und verpflichtete sie zum Dienst an seinem Hof. Sie lernten die Kultur und das Wissen der Babylonier kennen. Mit dieser guten Ausbildung und besten Speisen und Getränken aus den königlichen Vorratskammern wollte er sie für sich gewinnen. So verzweckte er den Wein als Lockmittel und zur Sympathiegewinnung für sich und seinen Glauben. Er wusste, dass erlesene Weine weithin eine Besonderheit waren und sehr geschätzt wurden. Wer konnte da widerstehen?

Besonders Daniel fiel ihm auf, denn er konnte geheimnisvolle Schriften lesen und Träume deuten. Gerade um seine Gunst warb der König mit guten Weinen. Doch Daniel durchschaute dessen Absicht. Weder die köstlichen Speisen noch die erlesenen Getränke noch die heidnische Religion, die für ihn „unrein" waren, konnten den jungen Mann beeindrucken. Daniel widerstand den geplanten Verlockungen. Er trank weder den erlesenen Wein, noch aß er die köstlichen Speisen und hielt somit treu am Glauben seiner Väter fest.

So wurde er eines Tages in eine Löwengrube geworfen, weil er zu seinem Gott gebetet hatte und nicht zum König von Babylon. Aber Jahwe rettete ihn, und der König bekam großen Respekt vor Daniels mächtigem Gott.

„Als tägliche Kost wies ihnen der König Speisen und Wein von der königlichen Tafel zu. Sie sollten drei Jahre lang ausgebildet werden und dann in den Dienst des Königs treten. (...) Daniel war entschlossen, sich nicht mit den Speisen und dem Wein der königlichen Tafel unrein zu machen." Daniel 1,5.8a

Alles ist Windhauch

Der alttestamentliche Autor Kohelet (um 300 v. Chr.) gehörte der gebildeten und wohlhabenden Oberschicht von Juda an. Kohelet war lange Zeit ein Genießer, heute würde man sagen: ein „Gourmet". Reich und mächtig war er und konnte sich ein bequemes Leben leisten. Er versuchte, sein Leben in vollen Zügen in zunehmendem Luxus auszukosten, dennoch brachte ihm dies keine echte Erfüllung. Je mehr er sich Wünsche erfüllte, umso mehr entstanden neue Bedürfnisse.

In diesem Buch fragte sich Kohelet, welchen Sinn das Leben eigentlich hat. Er sah den Kosmos als eine Bühne, auf der die Menschen kommen und wieder gehen. Er dachte darüber nach, ob der Mensch in seinem Dasein eigene Gestaltungsmöglichkeiten hat oder ob jeder Augenblick seines Lebens von Gott her bestimmt ist.

Der Mensch kann nicht die ganze Fülle der Welt erfassen – er ist begrenzt in seinem Denken und Fühlen. Kohelet fordert seine Leser auf, jeden Augenblick ihres Daseins zu genießen. Der Mensch soll die Schönheit der Welt wertschätzen und die Schöpfung dankbar annehmen. Die Zeit und das irdische Dasein der Menschen sind vergänglich. Deshalb sollen nicht das Kopfzerbrechen und die Sorge um unser Dasein die kostbare Zeit beanspruchen, sondern die Intensität des Momentes. Im Vertrauen auf Gottes Zuwendung ist es möglich, jeden Tag die „kleinen Dinge" des Lebens freudig zu genießen – und an den scheinbar selbstverständlichen Gaben wie Brot und Wein Vergnügen zu finden. In der Einfachheit liegt Großes.

„Also: Iss freudig dein Brot und trink vergnügt deinen Wein; denn das, was du tust, hat der gerechte Gott längst festgelegt, wie es ihm gefiel." Kohelet 9,7

Kraft des neuen Weines

Johannes der Täufer und seine Anhänger fasteten, um Buße zu tun; Jesus und seine Jünger aber fasteten nicht. Die Pharisäer kritisierten dieses scheinbar sündhafte Verhalten. Sie stellten Jesus zur Rede. Dieser ging aber nicht direkt auf ihre hinterlistige Frage ein. Er versuchte ihnen klarzumachen, dass seine Lehre ganz andere Schwerpunkte hat. Jesus kritisierte das Fasten der Pharisäer. Sie täten es nur zur Selbstdarstellung. Der wahre Sinn des Fastens – sich von Abhängigkeiten zu befreien, um den Blick für das Wesentliche frei zu machen – ginge ihnen verloren. Oft sei es nur ein großes Schauspiel, und der wahre Sinn der Buße käme nicht zum Tragen. So viele dieser Pharisäer hätten ein Herz aus Stein und dächten nur an ihren eigenen Vorteil. So fragte Jesus sie: „Wie können denn die Hochzeitsgäste fasten, solange der Bräutigam bei ihnen ist?"

Jesus verglich seine Lehre auch mit einem neuen Stück Stoff: „Niemand näht ein Stück neuen Stoff auf ein altes Kleid; denn der neue Stoff reißt doch vom alten Kleid ab, und es entsteht ein noch größerer Riss." Die gängige Glaubenspraxis Israels wurde von Jesus als alter Stoff und alter Weinschlauch bezeichnet, während seine Glaubenslehre wie ein neuer starker Stoff oder wie der neue kräftige Wein sei. Hunderte von Vorschriften wurden von den Gesetzeslehrern und Pharisäern eingehalten, überwacht und verteidigt. Eigentlich sollten diese Gebote ein besseres und gottgefälligeres Leben ermöglichen. Doch all diese Anstrengungen haben keine gerechtere und bessere Welt geschaffen. Dies kritisierte schon Johannes. Er forderte über die Buße hinaus die Umkehr zu einem anderen Leben. Er wusste, dass bald eine neue Zeit anbrechen würde, in der es brodelte und gärte wie im Herbst, wenn der Traubensaft zu neuem Wein wird. Ein solcher Wein in die harten Herzen vieler Menschen gegossen, bringt diese zum Zerplatzen – wie der säurebetonte, unruhige Rebensaft die porösen alten Schläuche. Dieser explosive Stoff ist die Lehre Jesu von der uneingeschränkten Nächstenliebe, der Feinde zu Freunden macht, Ausgestoßene zum Mittelpunkt, Arme zu Reichen und Kranke zu Gesunden. Einen solchen Wein können nur neue Herzen in sich aufnehmen. Eine Buße hat nur dann Sinn, wenn die Zeit dazu genutzt wird, ein neues Herz zu bereiten. Wo das bereits geschehen ist, hat sie ihre Bedeutung verloren. Wo das Herz nicht neu wird, da gibt es auch keine ernst zu nehmende Buße.

„Niemand füllt neuen Wein in alte Schläuche. Sonst zerreißt der Wein die Schläuche, und sie sind unbrauchbar. Der Wein ist verloren. Neuer Wein gehört in neue Schläuche." Markus 2,22

Hochzeit von Kana

Von den drei anderen Evangelien unterscheidet sich das Johannesevangelium erheblich. Nach dem Prolog wird die Geschichte des Johannes des Täufers erzählt, der bezeugt, dass Jesus wirklich der Sohn Gottes ist, der Messias, auf den das auserwählte Volk Gottes sehnsüchtig wartet. Zwischen Johannes, dem Asket im Kamelhaarmantel, und Jesus liegen im wahrsten Sinne des Wortes Welten. Jesus kleidet sich unauffällig, lässt kein Fest aus und isst und trinkt gerne. Er verzichtet nicht wie Johannes auf den Genuss des Weines. So wird er sogar als Fresser und Säufer bezeichnet. Nach der Berufung der ersten Jünger macht sich Jesus mit ihnen und seiner Mutter auf den Weg nach Kana. Vermutet wird, dass damit das Dorf Khirbet Kana gemeint ist, das nördlich von Nazareth lag. Dort geschieht das Weinwunder.

Bei dieser Hochzeit geht plötzlich der Wein aus: eine für die Gastgeber peinliche Situation. Maria unterrichtet Jesus darüber. Sie weiß: Ihr Sohn kann helfen, denn er ist der Sohn Gottes. Nichts ist für ihn unmöglich. Dieser wehrt heftig ab: „Was willst du von mir, Frau?" Wollte Jesus einfach nur Gast sein wie jeder andere? Maria lässt sich nicht durch die Worte Jesu beeindrucken. Sie ist sich sicher, dass er helfen wird. Dann spricht sie die Diener an: „Was er euch sagt, das tut!" Es standen sechs leere Wasserkrüge da. Jeder fasste hundert Liter. Jesus gibt den Dienern die Anweisung: „Füllt die Krüge mit Wasser!" Danach sollten sie die Weinprobe dem Mundschenk bringen. Der versuchte sie und war erstaunt, dass es ein sehr guter Wein war. Ja so gut, dass er zu dem Bräutigam meinte: „Jeder setzt zuerst den guten Wein vor und erst, wenn die Gäste zuviel getrunken haben, den weniger guten. Du jedoch hast den guten Wein bis jetzt zurückgehalten."

Die Erzählung sagt nichts darüber aus, ob das Brautpaar arm war, dass es sich nicht genug Wein leisten konnte, ob sich das Fest schon dem Ende zuneigte und die Gäste zuviel getrunken hatten, oder ob das Kommen Jesu mit seinen Jüngern die Gastgeber in Verlegenheiten brachte. Der Wein ist ein unverzichtbares Gut eines jeden Festes in Israel.

Die Botschaft der Wundererzählung in Kana lautet: Menschen, die sich um Jesus scharen, werden mit dem Besten bedient, was es gibt. Jesus weiß, was für die Menschen gut ist – was den Menschen gut tut. Mit Jesus ist die Heilszeit angebrochen. Das Paradies ist so nahe gerückt wie noch nie in der Menschheitsgeschichte zuvor. Die Erzählung soll auch an die Endzeit erinnern, wo alle Gerechten mit Jesus am himmlischen Hochzeitsmahl teilnehmen werden.

„Jesus sagte zu den Dienern: Füllt die Krüge mit Wasser! Und sie füllten sie bis zum Rand. Er sagte zu ihnen: Schöpft jetzt, und bringt es dem, der für das Festmahl verantwortlich ist. Er kostete das Wasser, das zu Wein geworden war. Er wusste nicht, woher der Wein kam; die Diener aber, die das Wasser geschöpft hatten, wussten es." Johannes 2,7–10

J Berge triefen von Wein

Joel zählt zu den bedeutenderen Propheten in der Nachfolge des Jesaja. Seine genaue Lebenszeit ist nicht geklärt. Es wird vermutet, dass er im fünften Jahrhundert v.Chr. lebte. Er gilt als ein kultivierter, rationaler Denker. Seine Botschaft trägt utopischen Charakter. Er verstand sich als Visionär. Er sprach vom Unglück, das über Israel kommen würde, aber ohne zu betonen, dass sein Volk dies verdient hat. Er glaubte daran, dass die Menschen durch Not und Unglück zur Umkehr und zur Reue gelangen werden. Auch wenn Gott sich als tadelnder und strafender Vater zeigt, wird er sich doch erbarmen.

Joel kündigt die Verwüstung Israels an. Er ist der erste biblische Autor, der eine Apokalypse voraussagt. Es wird eine Heuschreckenplage über das Land kommen, die Weinstöcke werden von einem feindlichen Volk verwüstet und die Feigenbäume völlig verstümmelt. Die Felder liegen kahl und die Äcker trauern, denn das Korn ist vernichtet und der Wein vertrocknet. Die Menschen werden Trauergewänder anlegen, jammern und klagen. Ein Bußfasten und Gottesdienste sollen folgen. Alle sollen den Herrn um Erbarmen bitten. Nur dann kann das Unheil abgewendet werden. Gott wird die Leidenschaft für sein Land wiederfinden. Joel spricht in schönen Bildern von dem kommenden Heil. Gott wird seinem Volk Korn, Wein und Öl senden, damit es sich satt essen – und trinken – kann. Er wird die Feinde zurücktreiben. Das Gras in der Steppe wird wieder grün werden, der Baum trägt seine Frucht, Feigenbaum und Weinstock bringen ihren Ertrag. Die Scheunen werden gefüllt mit Getreide, und die Keltern fließen über von Wein und Öl. Dann werden alle Menschen den Namen des Herrn preisen.

Joel sagt aber auch ein Gericht Gottes gegen alle Völker an – die feindlichen Nachbarvölker, weil sie Israel geplündert und zerstört haben. Die Menschen in Israel sollen sich bewaffnen und sie sollen aus den Pflugscharen Schwerter und aus den Winzermessern Lanzen machen. Selbst die Schwachen sollen mitkämpfen. Diese Forderung stellt eine Umkehrung der Worte des Propheten Jesaja dar. Dieser fordert in seinem zweiten Kapitel, dass aus dem Schwertern Pflugscharen und aus den Lanzen Winzermesser geschmiedet werden sollen. Einig sind sie sich allerdings, dass in Israel wieder Ruhe und Frieden einkehren. Nach dem Gericht Gottes wird Jerusalem die heilige Stadt Gottes sein. Der Herr wird auf dem Zionsberg in Jerusalem für immer wohnen. Von den Bergen wird der Wein heruntertriefen. Dann ist die Zeit der Fülle angebrochen – die Heilszeit.

„Dann werdet ihr erkennen, dass ich der Herr, euer Gott bin und dass ich auf dem Zion wohne, meinem heiligen Berg. Jerusalem wird heilig sein, Fremde werden nie mehr hindurch ziehen. An jenem Tag triefen die Berge von Wein, die Hügel fließen über von Milch, in allen Bächen Judas strömt Wasser." Joel 4,17–18

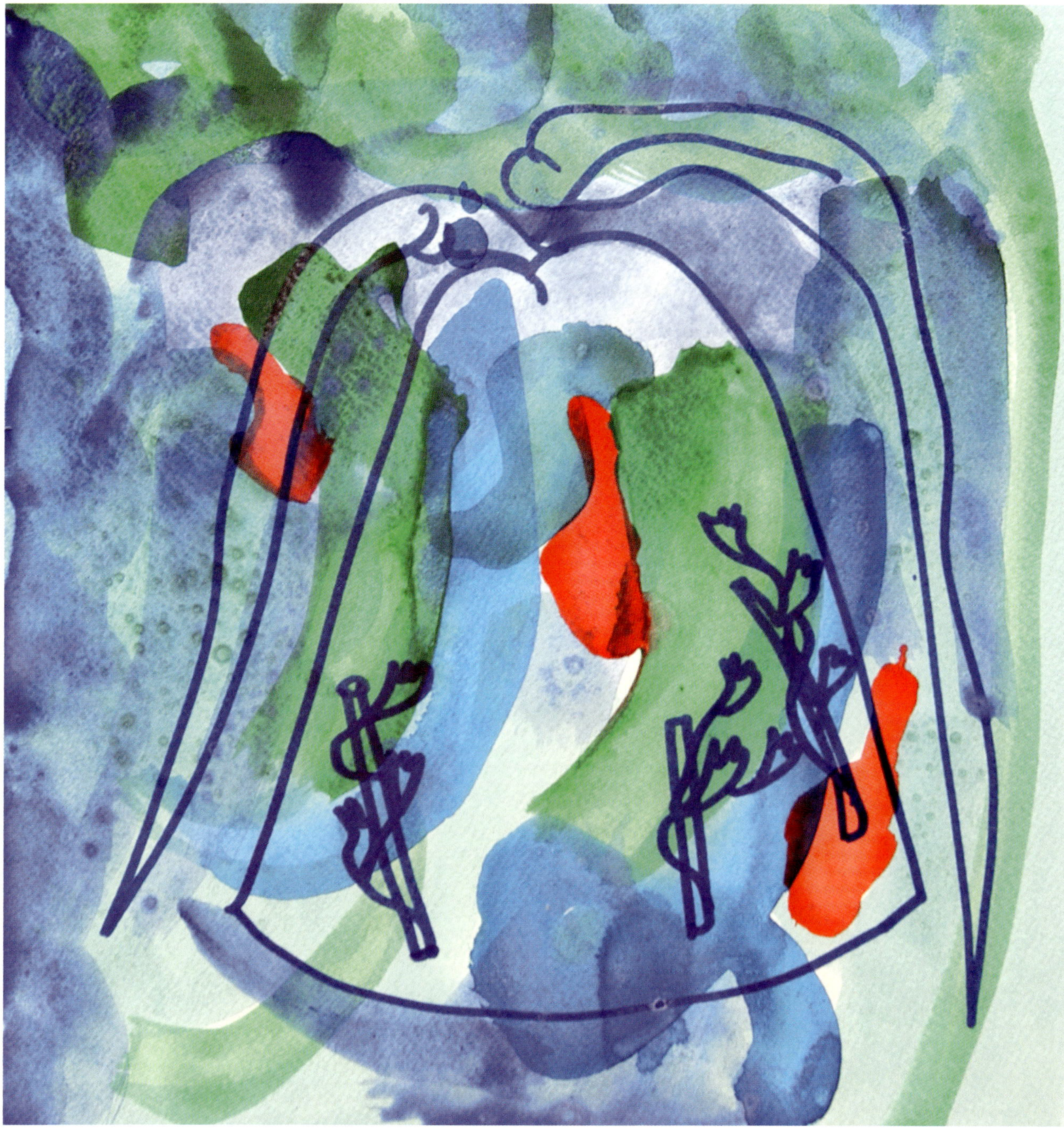

Die „Stiftung Ausbildungshilfe Ruanda“

Für Elisabeth Eminger ist Dankbarkeit der Antrieb für ihr soziales Engagement. Sie, die im Sudetenland geboren und in Bad Kreuznach heimisch geworden ist, wollte von dem Glück ihres eigenen Lebens etwas weitergeben: anderen helfen und auch ihnen eine Chance eröffnen, ein besseres Leben zu führen. Bei ihren Reisen in viele Länder dieser Erde konnte sie sich davon überzeugen, welche Hilfen in den benachteiligten Gebieten ohne großen Verwaltungsaufwand gut funktionierten, bei der Bevölkerung ankamen – und welche genau das Gegenteil waren.

Während dieser Überlegungen wurde die Partnerschaft zwischen Ruanda und dem Land Rheinland-Pfalz von dem damaligen Ministerpräsidenten Dr. Bernhard Vogel ins Leben gerufen. Elisabeth Eminger wurde von den Initiatoren zum Mitmachen aufgefordert. Sie ist Gründungsmitglied des Ruanda-Komitees e.V. Bad Kreuznach und seit 1983 Schatzmeisterin. Der Vorstand fasste frühzeitig den Beschluss, dass die notwendige Arbeit vollkommen ehrenamtlich erfolgen muss. Es gibt keine Erstattung von Verwaltungskosten oder persönlichen Auslagen, ein Beschluss, der heute noch seine Gültigkeit hat. Das Ruanda-Komitee baut Schulen inklusive Ausstattung, Wasserleitungen, Quellfassungen und unterstützt ein Krankenhaus und drei Krankenstationen mit Medikamenten und kleinen medizinischen Geräten.

Da aufgrund des unregelmäßigen Spendenaufkommens vom Komitee keine kontinuierlichen Zahlungen wie z.B. Schulgeld übernommen werden konnten, entschloss sich Elisabeth Eminger, eine Stiftung zu errichten. 1996 wurde die „Stiftung Ausbildungshilfe Ruanda“ mit einem zusammengebettelten Kapital von DM 50.000,00 ins Leben gerufen, um aus den Zinserträgen, die kontinuierlich fließen, Waisen und anderen besonders bedürftigen Kindern im Partnerland Ruanda eine Primar- oder Sekundarschulausbildung zu ermöglichen. Heute, mehr als zehn Jahre später, unterstützt die Stiftung etwa 500 Primarschüler, mehrere Sekundarschüler und bildet Jugendliche im Handwerk aus. Die Stiftung vermittelt auch Einzelpatenschaften, die inzwischen eine ansehnliche Größenordnung erreicht haben.

Elisabeth Eminger versucht, jedes Jahr einmal nach Ruanda zu fahren, um einen intensiven Gedankenaustausch mit den Partnern zu führen, auch um zu zeigen, dass ihr an dieser Partnerschaft vor allem der menschliche Aspekt des gegenseitigen Respekts und der Achtung außerordentlich wichtig ist. Das macht die Hilfe glaubwürdig und wirkungsvoll.

Die Autoren und der Künstler des vorliegenden Bandes haben auf die Auszahlung ihres Honorars verzichtet. Dieses fließt nun vollumfänglich der Stiftung zu.

Der Künstler / Die Autoren

Walter Brusius

Geboren 1950 in Niederwörresbach/Hunsrück.
Ausbildung als Exportkaufmann.
Studium der Malerei und Grafik in Köln.
Zahlreiche Ausstellungen und Publikationen.
Lebt und arbeitet seit 1983 als freischaffender Künstler in Bad Kreuznach.

Thomas Hartmann

Geboren 1958 in Dromersheim bei Bingen/Rheinhessen.
Lehre und Gesellenjahr im Elektrohandwerk.
Studium der Elektrotechnik an der FH Bingen.
Studium der Religionspädagogik und Kath. Theologie in Mainz.
Lehrauftrag an der Katholischen Fachhochschule Mainz.
Gemeindearbeit und Religionslehrer in verschiedenen Schulformen.
Betreibt seit 1994 ökologischen Wein- und Obstanbau.

Julia Klöckner

Geboren 1972 in Guldental bei Bad Kreuznach/Nahe.
Studium der Politikwissenschaft, Kath. Theologie und Pädagogik in Mainz.
Religionslehrerin in Wiesbaden.
1995/96 Deutsche Weinkönigin, Journalistisches Volontariat.
Freie Mitarbeit beim SWR-Fernsehen in Mainz.
Chefredakteurin der Fachzeitschrift Sommelier Magazin in Neustadt / Weinstraße.
Seit 2002 Mitglied des Deutschen Bundestages.

Thomas Hartmann

Geboren 1958 in Dromersheim bei Bingen/Rheinhessen.
Lehre und Gesellenjahr im Elektrohandwerk.
Studium der Elektrotechnik an der FH Bingen.
Studium der Religionspädagogik und Kath. Theologie in Mainz.
Lehrauftrag an der Katholischen Fachhochschule Mainz.
Gemeindearbeit und Religionslehrer in verschiedenen Schulformen.
Betreibt seit 1994 ökologischen Wein- und Obstanbau.

Julia Klöckner

Geboren 1972 in Guldental bei Bad Kreuznach/Nahe.
Studium der Politikwissenschaft, Kath. Theologie und Pädagogik in Mainz.
Religionslehrerin in Wiesbaden.
1995/96 Deutsche Weinkönigin, Journalistisches Volontariat.
Freie Mitarbeit beim SWR-Fernsehen in Mainz.
Chefredakteurin der Fachzeitschrift Sommelier Magazin in Neustadt / Weinstraße.
Seit 2002 Mitglied des Deutschen Bundestages.

Astrid Nolte

Boten der Stille

48 Seiten mit 20 Farbfotos

ISBN 978-3-7228-0720-1

Nach Bernhard von Clairvaux sind die Engel Boten Gottes, aber auch unsichtbare Wegbegleiter der Seele. Neben den beglückenden Momenten tragen sie auch den Schmerz des Menschen mit und vermitteln Gaben des Trostes und des Heils aus Gottes Hand. Besonders eindrucksvolle Darstellungen von Engeln hat Astrid Nolte entdeckt und fotografiert. Diese kunstvoll ins Licht gesetzten Skulpturen bilden eine Reihe von stimmungsvollen Gesamt- oder Detaildarstellungen. Begleitet werden sie von kurzen meditativen Zitaten. Bilder und Texte führen den Blick des Lesers nach innen und erschließen den Raum der Stille, in dem die Quelle der Kraft des Trostes, des Friedens und der heilsamen Nähe Gottes verborgen liegt. Sie ermöglichen eine neue Vertrautheit mit den Boten Gottes und vermitteln Stärke, um in den Einklang mit sich selbst und mit Gott zu gelangen.